FICHE DE LECTURE

DOCUMENT RÉDIGÉ PAR MARIA PUERTO GOMEZ
DOCTEURE EN LITTÉRATURE ESPAGNOLE
(UNIVERSITÉ DE PAU)

Parle-leur de batailles, de rois et d'éléphants

MATHIAS ÉNARD

lePetitLittéraire.fr

Mathias Énard
Écrivain et traducteur français

- **Né à Niort en 1972**
- **Quelques-unes de ses œuvres :**
  - *La Perfection du tir* (2003), roman
  - *Zone* (2008), roman
  - *Parle-leur de batailles, de rois et d'éléphants* (2010), roman

Spécialiste des langues et cultures arabe et persane, Mathias Énard, né en 1972, est un écrivain et traducteur français. Après de longs séjours d'études au Moyen-Orient, il devient enseignant à l'Université de Barcelone (Espagne) en 2000 et commence à publier régulièrement dans des revues littéraires. Pensionnaire de la Villa Médicis en 2005-2006, c'est *Zone*, un livre atypique composé d'une seule phrase de 500 pages, qui l'a fait remarquer par le grand public et lui a valu le prix Décembre 2008 et le prix livre Inter 2009.

Auparavant, il avait déjà écrit trois autres romans : *La perfection du tir* (prix des cinq continents de la Francophonie et prix Edmée de La Rochefoucauld), *Remonter l'Orénoque* (2005) et *Bréviaire des artificiers* (2007), ainsi que deux recueils de poèmes : *Travail de nuit* (1990) et *Parfois entre nous la mer* (1990), illustrés par l'artiste Thomas Marin.

Parle-leur de batailles, de rois et d'éléphants
L'épopée d'un artiste « inconstant et passionné »

- **Genre :** roman
- **Édition de référence :** *Parle-leur de batailles, de rois et d'éléphants*, Arles, Actes Sud, 2010, 160 p.
- **1re édition :** 2010
- **Thématiques :** Orient, Istanbul, Michel-Ange, Renaissance, art, architecture, voyage, fascination

Parle-leur de batailles, de rois et d'éléphants, qui a reçu le prix Goncourt des lycéens en 2010, est basé sur une anecdote peu connue de la vie du peintre et sculpteur Michel-Ange (peintre, sculpteur, architecte et poète italien, 1475-1564) : l'invitation du sultan Bayezid II (huitième sultan ottoman, 1447) pour qu'il construise un pont sur la Corne d'Or à Istanbul, projet sur lequel avait déjà travaillé Léonard de Vinci (artiste et savant italien, 1452-1519), mais sans donner satisfaction au sultan. Mathias Enard envisage les faits dans l'hypothèse où Michel-Ange aurait accepté cette offre.

En 1503, l'artiste florentin laisse en plan le tombeau qu'il dessine pour Jules II (pape italien, 1443-1513), mécontent de ne pas être reçu ni payé par celui-ci. Il accepte alors le projet du sultan de concevoir un pont et débarque à Constantinople. Il découvre la vie à Istanbul, se lie d'amitié avec le poète Mesihi de Pristina et se laisse fasciner par la beauté d'une danseuse andalouse, sans se rendre compte qu'il est au cœur d'un complot visant à le tuer et à nuire à la réputation du vizir Ali Pacha...

RÉSUMÉ

REFLÉTER L'ÂME

En avril de l'année 1506, Michel-Ange se trouve à Rome. Il a été engagé par le pape Jules II pour réaliser les sculptures de son tombeau. L'homme d'Église tarde à lui verser l'argent avancé pour la construction et ne daigne pas le recevoir, ce qui rend l'artiste florentin furieux et le décide à regagner Florence.

De retour chez lui, Michel-Ange reçoit un message du sultan ottoman Bayezid II de Constantinople lui proposant de construire un pont sur la Corne d'Or (baie turque du Bosphore séparant Constantinople en deux). La somme promise, les excellentes conditions de travail proposées, mais aussi son orgueil le poussent à faire le voyage, bien décidé à surpasser son rival, Léonard de Vinci, dont le projet a été refusé. Le mois suivant, Michel-Ange débarque donc à Constantinople avec Maringhi, un commerçant florentin. Manuel, un drogman grec, l'y attend.

Ses proches ignorent cependant son départ pour l'Orient. Ainsi, son frère et l'architecte du pape Jules II, Giuliano da Sangallo, auxquels il écrira fréquemment d'Istanbul, le croient toujours à Florence. L'artiste s'inquiètera d'ailleurs souvent de la réaction du pape si celui-ci venait à apprendre le lieu où il se trouve et ce qu'il y fait ; plus tard, une lettre anonyme menaçant de révéler son activité à Constantinople renforcera d'ailleurs ses craintes.

Une fois arrivé en Orient, Michel-Ange s'installe dans une petite chambre et, comme à son habitude, consigne dans un carnet les noms de toutes sortes d'objets. Il découvre aussi son atelier et détruit violemment la maquette du pont pourtant ingénieux imaginé par Léonard de Vinci. Pour lui, le pont à construire doit avant tout refléter l'âme de la ville. Pour cerner cette âme et trouver l'inspiration, il explore régulièrement la cité : il admire la coupole de la basilique Sainte-Sophie, découvre, intrigué, les musulmans, leurs rites et leur tolérance envers les autres religions, avec lesquelles ils vivent en harmonie, et visite la bibliothèque du sultan.

Ces balades se font la plupart du temps en compagnie de Mesihi de Pristina, un poète turc avec qui il est devenu ami – il reçoit d'ailleurs de sa part un singe en gage de leur attachement. Au contraire du Florentin qui travaille du matin au soir à la réalisation du pont, le poète écrit peu et préfère s'adonner aux plaisirs de la chair, du vin et de l'opium. La beauté du jeune homme ne laisse pas Michel-Ange insensible et les sentiments qu'il développe peu à peu à son égard le troublent et le terrifient, ce qui se traduit notamment par de nombreux cauchemars où il se voit brulé comme hérétique.

DES NUITS FÉCONDES

L'artiste florentin découvre aussi la vie nocturne de Constantinople et l'ivresse qui en résulte. Lors d'une soirée, il rencontre une fascinante danseuse au physique androgyne qui le trouble chaque fois qu'elle le frôle en lui servant du vin. Il croise à nouveau cette femme dans une taverne où il a suivi Mesihi et fait la connaissance d'Arslan, un marchand venu d'Italie qui leur propose de poursuivre la soirée chez lui avec la danseuse. Lorsque Michel-Ange, fatigué, monte se reposer, la jeune femme le suit et se couche à ses côtés. Voyant qu'il n'ose s'offrir à elle, elle lui raconte son histoire : chassée d'Andalousie après la victoire des Rois Catholiques, elle a trouvé refuge chez le sultan, comme tant d'autres musulmans. À défaut de faire en sorte que l'artiste s'abandonne à elle, ce récit stimule son imagination. En effet, malgré son exploration intense de la ville et les nombreuses notes prises dans son carnet, l'inspiration peinait à venir, mais, suite à cette première nuit avec la danseuse, le sculpteur a enfin une idée du pont qu'il veut dessiner. Cette bonne nouvelle arrive à temps, le grand vizir du sultan, Ali Pacha, lui ayant déjà demandé où en était le projet.

Une fois le dessin du pont terminé, la fastueuse cérémonie de présentation du projet au sultan a lieu. Michel-Ange est furieux : il n'a reçu qu'un titre de propriété en Bosnie (qu'il donnera à Mesihi) et la promesse d'être payé quand les travaux commenceront. Étant à court d'argent, il avait hâte d'être payé et de rentrer à Florence, commençant à avoir le mal du pays.

Michel-Ange passe alors une deuxième nuit avec la danseuse andalouse, qui tente à nouveau de le convaincre de s'abandonner à elle. Pour séduire l'artiste, elle discourt sur le vide angoissant qu'est la vie, vide que les hommes cherchent à combler pour se rassurer ; elle lui dit aussi de voler du plaisir au temps qui passe, lequel est perdu à jamais. Michel-Ange ne cède pas davantage à ses avances, mais il sera dès lors hanté par le souvenir de la jeune femme et espèrera la revoir à toute occasion.

UN RETOUR PRÉCIPITÉ

Lors de la fête organisée par Maringhi à l'occasion du début des travaux, le sculpteur italien revoit une nouvelle (et dernière) fois la danseuse. Elle lui parle encore longuement, lui dévoilant les tréfonds de son âme, consciente qu'il est en proie à des sentiments contradictoires : l'artiste est en effet partagé entre son envie mêlée de crainte de s'abandonner au monde enivrant de la nuit et sa soif de gloire et de fortune. La jeune femme lui rappelle que tout est périssable, y compris la gloire, et qu'il regrettera de n'avoir pas profité pleinement de ces instants.

Entretemps, Mesihi échange le titre de propriété contre des informations et apprend qu'Arslan a engagé la danseuse pour tuer Michel-Ange. De son côté, celle-ci hésite à remplir sa mission, mais sait qu'elle sera tuée si elle n'obéit pas. Elle doit alors affronter Mesihi, accouru pour sauver son ami, qui, endormi, se réveille en entendant les bruits de leur lutte. Lorsqu'il découvre le corps ensanglanté de la danseuse et voit Mesihi avec une dague entre les mains, il imagine que celui-ci a agi par jalousie et se jette sur lui.

Le poète s'enfuit alors et se rend dans les tavernes pour noyer son chagrin dans le vin et l'opium et oublier les sentiments qu'il éprouve pour le Florentin. Ce dernier, quant à lui, rentre précipitamment en Italie. Peu après, un terrible séisme cause de grands dégâts dans Constantinople et détruit le pont dont la construction venait de commencer, poussant le sultan à renoncer définitivement au projet.

Le vizir meurt quelques années plus tard, suivi de peu par Mesihi, dorénavant démuni et seul. Le sultan, qui a fait construire plusieurs ponts, meurt en 1512, empoisonné par son fils Sélim le Terrible. Enfin, en 1564, Michel-Ange, devenu riche et célèbre, s'éteint à son tour.

ÉTUDE DES PERSONNAGES

MICHEL-ANGE BUONARROTI

Mathias Énard connait bien la vie de l'artiste, ce qui lui permet d'offrir un portrait détaillé et minutieux de Michel-Ange, « le frugal » (p. 27), « le divin » (p. 28), « le sobre » (p. 51), le « silencieux » (p. 83), qui connait déjà la gloire grâce à son *David* (1501-1504) et la *Pieta* (1498), et s'apprête à réaliser le tombeau papal de Jules II.

Son apparence physique peu flatteuse – un homme « pas très beau, le front trop haut, le nez tordu, brisé lors d'une rixe de jeunesse, les sourcils trop épais, les oreilles un peu décollées » (p. 78) – est présentée comme la raison de la beauté de ses œuvres : « S'il recherchait la perfection du trait, la beauté dans les visages, c'est que lui-même en était totalement dépourvu. » (p. 79) En outre, il « sent aussi mauvais qu'un barbare ou un esclave de Nord à peine capturé » (p. 93), car il refuse de se laver.

Psychologiquement, c'est un personnage introverti, « fermé comme un coquillage » (p. 66), même dans l'intimité : il reste « immobile, raidi comme un chien d'arrêt » (p. 95) alors qu'il se trouve nu aux côtés de la chanteuse. Cela ne l'empêche pas de souvent se laisser emporter par de violents accès de colère, car il est d'humeur changeante. Doté de petites manies – il consigne des mots dans son cahier comme si c'était « sa malle » (p. 22) –, c'est un homme complexe et tourmenté qui dort assis à cause de la « peur de l'image de la mort que confère la position allongée » (p. 14).

Cet homme rude « modelé par son œuvre » (p. 87), dont les « mains sont dures, usées par le ciseau et le marteau de son art » (p. 93), possède une grande sensibilité. Il est capable de s'extasier face à la basilique Sainte-Sophie, d'être pris par « ce plaisir du corps et de l'âme ensemble » (p. 43) ou bien de s'émouvoir jusqu'aux larmes de la grâce et de l'émotion dégagées par les mouvements et la voix de la danseuse andalouse.

Il est décrit comme « un enfant inconstant et passionné » (p. 110) qui cherche la perfection, sachant que « le talent n'est rien sans travail » (p. 32). « Orgueilleux » (p. 13) et « vaniteux » (p. 125), il est conscient « d'être un artiste de valeur » (p. 13). Il souhaite surpasser ses maitres et prend soin de sa « carrière, son génie, sa réputation » (p. 84), ce qui n'exclut pas de prendre des risques artistiques et personnels : construire un pont à Constantinople peut lui procurer la renommée mondiale à laquelle il aspire bien que n'étant pas architecte, mais il n'en redoute pas moins la réaction du pape et celle de Dieu. Cependant, cette gloire qu'il recherche l'isole et l'enferme dans la solitude, le transformant en « une image, un reflet sans matière » (p. 27).

MESIHI DE PRISTINA

Reconnu comme un « poète subtil et original, maître du renouveau de la poésie ottomane, dont les vers inspireront des centaines d'imitateurs » (p. 93), Mesihi de Pristina

(1470-1512) est le protégé du vizir. Sa « carrure élégante, ses traits fins, ses cheveux sombres et huilés » (p. 112) sont accompagnés par « un visage d'ange, un regard sombre, un sourire sincère » et des « mains douces, les doigts fins » (p. 27). Il est cultivé, il « parle un peu franc, un peu grec ; il sait l'arabe et le persan » (p. 27). Pourtant, Mesihi écrit peu, car contrairement à Michel-Ange, il « préfère les plaisirs, le vin, l'opium, la chair, à l'austère tentation de la postérité » (p. 64), si bien qu'« on le retrouve souvent ivre, adossé au mur de la taverne, à l'aube » (p. 64).

Bien que la religion et surtout la langue semblent séparer Michel-Ange et Mesihi, leur relation évolue au gré des jours. Au début, Mesihi est pour Michel-Ange « un compagnon charmant et un guide agréable » (p. 119), puis une amitié « aussi puissante que discrète » (p. 61) nait entre les deux hommes et Mesihi finira par sentir une « passion pour l'artiste lui dévorer le cœur » (p. 103), un sentiment que Michel-Ange éprouve aussi, mais qu'il garde secrètement au fond de lui. Bien que Mesihi souffre de « remettre l'objet de son amour à d'autres bras » (p. 93), ceux de la danseuse en particulier, il n'en restera pas moins protecteur à l'égard de l'artiste. Il sauvera ainsi celui-ci d'une mort certaine en tuant la danseuse, sacrifiant « son amour une dernière fois, sans rien espérer en retour » (p. 139).

LA DANSEUSE ANDALOUSE

C'est un personnage entouré de mystère, non seulement en raison de son physique androgyne, qui empêche Michel-Ange de déterminer s'il s'agit d'un homme ou d'une femme, mais aussi parce que c'est la seule à ne pas avoir de nom et qu'elle n'est bien souvent « qu'une voix dans l'obscurité [qui] disparaîtra avec l'aube » (p. 29). En effet, dans les chapitres qui lui sont consacrés, c'est elle qui prend la parole dans des monologues qui correspondent aux moments où elle est nue aux côtés de Michel-Ange. Telle Shéhérazade, elle incarne la beauté, la passion, le désir, et essaye d'apprivoiser l'artiste en lui parlant. Son discours est rempli de métaphores et de réflexions sur la vie, comme le conte du vizir amant (p. 95), une sorte d'allégorie du triangle amoureux entre elle, Michel-Ange et Mesihi. Elle lui relate aussi sa propre histoire.

Elle appartient à un monde qui n'est plus, celui des Maures d'Espagne vaincus par les Rois Catholiques et qui ont dû choisir entre « le départ, la conversion ou la mort » (p. 30). « Je pourrais te haïr pour cela, toi et ta croix. J'en aurais le droit. » (p. 31), dit-elle à Michel-Ange, mais elle n'exprime aucune animosité, bien que tout les oppose (la religion, les luttes et l'exode). Chargée d'une funeste mission, elle aimerait pouvoir y échapper : « Si tu m'avais insufflé la folie de l'amour, si j'avais su te séduire, peut-être alors aurions-nous pu nous sauver tous les deux. » (p. 133) Finalement, c'est elle qui mourra, poignardée par Mesihi.

CLÉS DE LECTURE

UN PONT ENTRE RÉALITÉ ET FICTION

Mathias Énard mêle habilement les faits historiques, les personnages réels, la culture ottomane et l'imaginaire pour donner à cet hypothétique voyage une exquise vraisemblance.

Le livre est conçu à partir d'un fait historique attesté, la proposition du sultan de Constantinople faite à Michel-Ange de construire un pont, le projet de Léonard de Vinci ayant été refusé. De plus, pour justifier le voyage de Michel-Ange, situé en 1506, l'auteur exploite deux faits avérés : la rivalité entre Michel-Ange et Léonard de Vinci, ainsi que la colère de Michel-Ange vis-à-vis du pape Jules II qui n'honore pas « sa promesse d'argent frais » (p. 13), l'artiste ayant « dû sortir de sa poche le prix des marbres [...] pour l'exécution du tombeau papal » (p. 13-14). Ainsi, pour Énard, l'acceptation du projet par Michel-Ange rentre-t-elle dans le domaine du possible, étant donné que cela représente un moyen pour résoudre ses problèmes financiers et une sorte de revanche sur Jules II qui a mené dix ans plus tôt « les troupes vaticanes contre les janissaires de Bayazid dans le Sud de l'Italie » (p. 114).

L'artiste florentin arrive à Istanbul, une ville très cosmopolite, dont l'ambiance chargée d'exotisme est rendue crédible et évocatrice grâce :

- au décor : « la basilique Sainte-Sophie, géant aux larges épaules [...] l'ancien sérail, les minarets d'une grande mosquée [...] ; la rive opposée, les remparts de la forteresse de Galata, de l'autre côté de la Corne d'Or, cet estuaire qui ressemble si peu à l'embouchure du Tibre » (p. 20) ;
- aux noms des fonctionnaires : « le shehremini », responsable de la ville ; le « mohendesbashi », l'ingénieur supérieur ; le « defterdâr », l'intendant (p. 27) ;
- à la gastronomie typique : « les bœufs aux dattes, les aubergines macérées, la volaille à la mélasse de caroube » (p. 27) ;
- à l'évocation de la richesse de la ville et du dynamisme de son commerce : les « balles de fourrures de zibeline et de martre, panni de laine, rouleaux de satin de Bergame, velours florentin doré, barils de nitre, miroirs » (p. 11) ; l'« huile de Mytilène, les savons de Tripoli, le riz d'Égypte, les figues sèches de Smyrne » (p. 20).

L'effet de réel est également dû à d'autres éléments :

- les personnages imaginaires, comme Manuel, le drogman qui accompagne Michel-Ange, évoluent au milieu de personnages réels de l'univers ottoman – Hâfiz de Chirâz, poète ottoman (p. 94) ; le sultan Bayazid « surnommé le Saint, le Pieux, le Juste » (p. 11) ; le vizir de l'époque, Ali Pacha ; le poète Mesihi de Pristina – ou de l'univers chrétien – le prêtre Savonarole, prédicateur et réformateur italien ; Aldobrandini, cardinal et ami de Michel-Ange ;

- des faits précis de la vie de Michel-Ange sont évoqués à diverses reprises, notamment sa pratique de l'anatomie (p. 76-77) à l'hôpital Santo Spirito de Florence vers 1490 (et ensuite à Rome vers 1540) ou les « festivités de Laurent le Magnifique, au temps où il était encore apprenti » (p. 123) ;
- le lecteur partage souvent le regard et les considérations de l'artiste sur les monuments, comme la basilique Saint-Sophie : « Une telle impression de légèreté malgré la masse, un tel contraste entre l'austérité extérieure et l'élévation, la lévitation, presque, de l'espace intérieur, l'équilibre des proportions dans la simplicité magique du plan carré où s'inscrit parfaitement le cercle de la dôme. » (p. 37) Ses œuvres sont également nommées : le *David* et la *Pietà* (p. 56), ainsi que ses travaux postérieurs influencés, selon l'auteur, par ce séjour imaginaire de Michel-Ange à Istanbul : « Il repensera vingt ans plus tard, au moment de dessiner un dôme pour la basilique de Saint-Pierre de Rome, à la coupole de cette Sainte-Sophie » (p. 36) ;
- les lettres utilisées par Énard sont authentiques, il n'en a changé que la date et les lieux ;
- le récit, tel un journal intime, est jalonné de dates, réelles ou imaginaires, ce qui permet de suivre le déroulement du projet et donne davantage de vérité à l'histoire.

De même qu'Énard tend sans cesse des passerelles entre la réalité et la fiction, les analepses (procédé de style qui consiste à revenir sur un évènement antérieur) sont fréquentes, créant de multiples va-et-vient entre présent et passé, ce qui se traduit jusque dans l'organisation et la succession des chapitres, l'histoire n'étant pas racontée de façon strictement linéaire.

LA RENAISSANCE À TRAVERS L'ŒUVRE

Michel-Ange est (avec Léonard de Vinci, de vingt ans son aîné, ou encore Raphaël) l'un des artistes phares de la Renaissance. Ce mouvement intellectuel et artistique, né en Italie vers

1300, marque une rupture avec le Moyen-Âge, jugé décadent et barbare, et cherche de nouvelles sources d'inspiration.

Les principales caractéristiques de l'esprit de la Renaissance sont perceptibles dans les réflexions de Michel-Ange et son approche de l'art. Les artistes de cette période prônent en effet un retour au langage et aux valeurs antiques, considérés comme proches de la perfection, mais avec une volonté de les dépasser en se les appropriant car, selon Michel-Ange, « la beauté vient de l'abandon du refuge des formes anciennes pour l'incertitude du présent » (p. 57). C'est pourquoi il veut construire un pont « audacieux et politique ; loin de la prouesse technique de Vinci, loin des courbes régulières de l'ancien viaduc de Constantin, au-delà des classiques » (p. 102).

Lors du déclin de Constantinople en 1453, l'exode vers l'Europe de nombre d'artistes, de scientifiques et d'intellectuels a indéniablement contribué à la Renaissance, une influence montrée par Énard dans son livre, car il suggère que l'œuvre de Michel-Ange « en peinture comme en architecture [...] devra beaucoup à Istanbul » (p. 91).

La soif de connaissances propre à cette époque se manifeste à travers les nombreux centres d'intérêt du sultan : « Il aimait tâter du vin, de la poésie et de la musique ; [...] il appréciait les sciences et les arts, l'astronomie, l'architecture, les plaisirs de la guerre, les chevaux rapides et les armes tranchantes. » (p. 12) C'est une période de richesse et de prospérité, à l'image du marché de Constantinople où il y a « toute la création, ou presque » (p. 61) ou des moyens matériels et humains – « dessinateurs, maquettistes et ingénieurs » (p. 25) – mis à disposition de l'artiste.

La tolérance religieuse qui caractérise aussi cette période transparait également dans le récit, puisqu'à Constantinople, « Ottomans, Grecs, juifs et Latins » (p. 11) et « maures » (p. 54) se mélangent, et « les juifs et les chrétiens sont libres de s'installer où bon leur semble » (p. 87).

Cette tolérance et cette ouverture d'esprit se manifestent aussi par la cohabitation des contraires tout au long de l'œuvre : le pape et le Sultan, tous deux belliqueux ; les religions chrétienne et musulmane ; l'Occident et l'Orient ; l'amour de Michel-Ange pour la danseuse, mais aussi pour Mesihi, comme l'affirme celle-ci (« ce n'est pas moi que tu désires. Je ne suis que le reflet de ton ami poète, celui qui se sacrifie pour ton bonheur », p. 128). Michel-Ange conçoit même le pont qu'il doit construire comme une sorte de passerelle entre deux mondes, « qui, de deux rives que tout oppose, fabriquera une ville immense » (p. 35).

La Renaissance aspire en effet à construire un monde meilleur, mais ce n'est qu'une utopie comme cela est annoncé dès la première ligne du récit : « La nuit ne communique pas avec le jour. Elle y brûle. » (p. 9)

LA NUIT

La nuit, comme contrepoint du jour et de la lumière, est le temps des complots et des trahisons. Ainsi, Arslan, « un étrange espion, à la fois de Venise et homme du sultan... proposant ses services troubles des deux côtés » (p. 130), n'apparait que lorsque la nuit tombe. La danseuse appartient, elle aussi, au monde des ténèbres et sera de plus en plus présente lorsque le récit se concentrera sur le complot contre Michel-Ange, dont elle est le bras armé, mais dont l'issue est incertaine, Énard jouant à essaimer de funestes commentaires ou présages : « Il reste encore deux ou trois heures avant de mourir » (p. 95) ou « Triste présage, ce matin le singe est mort » (p. 124).

La nuit est également synonyme d'angoisse existentielle et de solitude, incitant chacun à l'abandon de soi afin « d'oublier, dans des bras étrangers, que nous disparaîtrons bientôt » (p. 111). Le jour et la postérité ne sont qu'un refuge illusoire : « Tu habites une autre prison, un monde de force et de courage où tu penses pouvoir être porté en triomphe... pourtant lorsque la nuit tombe, tu trembles. » (p. 9) Alors l'homme cherche à se rassurer en se raccrochant à des histoires qui ne sont « qu'un voile parfumé cachant l'éternelle couleur de la nuit » (p. 67), autrement dit la mort, comme l'expose la danseuse avec une froide lucidité :

« Je sais que les hommes sont des enfants qui chassent leur désespoir par la colère, leur peur dans l'amour ; au vide, ils répondent en construisant des châteaux et des temples. Ils s'accrochent à des récits, ils les poussent devant eux comme des étendards ; chacun fait sienne une histoire pour se rattacher à la foule qui la partage. On les conquiert en leur parlant de batailles, de rois, d'éléphants et d'êtres merveilleux ; en leur racontant le bonheur qu'il y aura au-delà de la mort. (p. 66)

PISTES DE RÉFLEXION

QUELQUES QUESTIONS POUR APPROFONDIR SA RÉFLEXION...

- Le livre mêle des éléments historiques réels et d'autres purement fictionnels : qu'est-ce qui est inventé par Mathias Énard ?
- Peut-on considérer cette œuvre comme un roman historique ?
- Rapprochez le rôle de la chanteuse andalouse avec celui de Shéhérazade dans les contes des *Mille et une nuits*.
- Comment Énard construit-il le portrait de Michel-Ange ?
- Mesihi et Michel-Ange sont comme le jour et la nuit, complémentaires. Commentez cette affirmation.
- La scène se déroule à Istanbul : quels éléments contribuent à la vraisemblance du décor et à l'exotisme ?
- En quoi la description qui est faite de Constantinople est-elle représentative de la Renaissance ?
- Les contraires sous-tendent tout le récit. Relevez-les et commentez-les.

POUR ALLER PLUS LOIN

ÉDITION DE RÉFÉRENCE

- Énard M., *Parle-leur de batailles, de rois et d'éléphants*, Arles, Actes Sud, 2010.

SUR LEPETITLITTÉRAIRE.FR

- Fiche de lecture sur *Rue des Voleurs* de Mathias Énard

Retrouvez notre offre complète sur lePetitLittéraire.fr

- des fiches de lectures
- des commentaires littéraires
- des questionnaires de lecture
- des résumés

Anouilh
- Antigone

Austen
- Orgueil et Préjugés

Balzac
- Eugénie Grandet
- Le Père Goriot
- Illusions perdues

Barjavel
- La Nuit des temps

Beaumarchais
- Le Mariage de Figaro

Beckett
- En attendant Godot

Breton
- Nadja

Camus
- La Peste
- Les Justes
- L'Étranger

Carrère
- Limonov

Céline
- Voyage au bout de la nuit

Cervantès
- Don Quichotte de la Manche

Chateaubriand
- Mémoires d'outre-tombe

Choderlos de Laclos
- Les Liaisons dangereuses

Chrétien de Troyes
- Yvain ou le Chevalier au lion

Christie
- Dix Petits Nègres

Claudel
- La Petite Fille de Monsieur Linh
- Le Rapport de Brodeck

Coelho
- L'Alchimiste

Conan Doyle
- Le Chien des Baskerville

Dai Sijie
- Balzac et la Petite
- Tailleuse chinoise

De Gaulle
- Mémoires de guerre III. Le Salut. 1944-1946

De Vigan
- No et moi

Dicker
- La Vérité sur l'affaire Harry Quebert

Diderot
- Supplément au Voyage de Bougainville

Dumas
- Les Trois Mousquetaires

Énard
- Parlez-leur de batailles, de rois et d'éléphants

Ferrari
- Le Sermon sur la chute de Rome

Flaubert
- Madame Bovary

Frank
- Journal d'Anne Frank

Fred Vargas
- Pars vite et reviens tard

Gary
- La Vie devant soi

Gaudé
- La Mort du roi Tsongor
- Le Soleil des Scorta

Gautier
- La Morte amoureuse
- Le Capitaine Fracasse

Gavalda
- 35 kilos d'espoir

Gide
- Les Faux-Monnayeurs

Giono
- Le Grand Troupeau
- Le Hussard sur le toit

Giraudoux
- La guerre de Troie n'aura pas lieu

Golding
- Sa Majesté des Mouches

Grimbert
- Un secret

Hemingway
- Le Vieil Homme et la Mer

Hessel
- Indignez-vous !

Homère
- L'Odyssée

Hugo
- Le Dernier Jour
- d'un condamné
- Les Misérables
- Notre-Dame de Paris

Huxley
- Le Meilleur des mondes

Ionesco
- Rhinocéros
- La Cantatrice chauve

Jary
- Ubu roi

Jenni
- L'Art français de la guerre

Joffo
- Un sac de billes

Kafka
- La Métamorphose

Kerouac
- Sur la route

Kessel
- Le Lion

Larsson
- Millenium I. Les hommes qui n'aimaient pas les femmes

Le Clézio
- Mondo

Levi
- Si c'est un homme

Levy
- Et si c'était vrai...

Maalouf
- Léon l'Africain

Malraux
- La Condition humaine

Marivaux
- La Double Inconstance
- Le Jeu de l'amour et du hasard

Martinez
- Du domaine des murmures

Maupassant
- Boule de suif
- Le Horla
- Une vie

Mauriac
- Le Nœud de vipères

Mauriac
- Le Sagouin

Mérimée
- Tamango
- Colomba

Merle
- La mort est mon métier

Molière
- Le Misanthrope
- L'Avare
- Le Bourgeois gentilhomme

Montaigne
- Essais

Morpurgo
- Le Roi Arthur

Musset
- Lorenzaccio

Musso
- Que serais-je sans toi ?

Nothomb
- Stupeur et Tremblements

Orwell
- La Ferme des animaux
- 1984

Pagnol
- La Gloire de mon père

Pancol
- Les Yeux jaunes des crocodiles

Pascal
- Pensées

Pennac
- Au bonheur des ogres

Poe
- La Chute de la maison Usher

Proust
- Du côté de chez Swann

Queneau
- Zazie dans le métro

Quignard
- Tous les matins du monde

Rabelais
- Gargantua

Racine
- Andromaque
- Britannicus
- Phèdre

Rousseau
- Confessions

Rostand
- Cyrano de Bergerac

Rowling
- Harry Potter à l'école des sorciers

Saint-Exupéry
- Le Petit Prince
- Vol de nuit

Sartre
- Huis clos
- La Nausée
- Les Mouches

Schlink
- Le Liseur

Schmitt
- La Part de l'autre
- Oscar et la Dame rose

Sepulveda
- Le Vieux qui lisait des romans d'amour

Shakespeare
- Roméo et Juliette

Simenon
- Le Chien jaune

Steeman
- L'Assassin habite au 21

Steinbeck
- Des souris et des hommes

Stendhal
- Le Rouge et le Noir

Stevenson
- L'Île au trésor

Süskind
- Le Parfum

Tolstoï
- Anna Karénine

Tournier
- Vendredi ou la Vie sauvage

Toussaint
- Fuir

Uhlman
- L'Ami retrouvé

Verne
- Le Tour du monde en 80 jours
- Vingt mille lieues sous les mers
- Voyage au centre de la terre

Vian
- L'Écume des jours

Voltaire
- Candide

Wells
- La Guerre des mondes

Yourcenar
- Mémoires d'Hadrien

Zola
- Au bonheur des dames
- L'Assommoir
- Germinal

Zweig
- Le Joueur d'échecs

Et beaucoup d'autres sur lePetitLittéraire.fr

www.lepetitlitteraire.fr

ISBN version imprimée : 978-2-8062-3757-6
ISBN version numérique : 978-2-8062-3730-9
Dépôt légal : D/2013/12.603/564

Conception numérique : Primento,
le partenaire numérique des éditeurs